AF196855

Impressum:
© 2016 Wolfgang Schirmer

Umschlagbild: Wegewarteblüte vor dem Hintergrund Farben der Erde (Wolfgang Schirmer)
Umschlaggestaltung: Wolfgang Schirmer / Angelika Fleckenstein
Bilder und Zeichnungen: © Wolfgang Schirmer
Layout Buchblock: Angelika Fleckenstein; spotsrock.de

Verlag: tredition GmbH, Hamburg

ISBN Taschenbuch   978-3-7345-6300-3
ISBN Hardcover   978-3-7345-6301-0
ISBN eBook   978-3-7345-6302-7

Bibliografische Information der Deutschen Nationalbibliothek: Die Deutsche Nationalbibliothek verzeichnet diese Publikation in der Deutschen Nationalbibliografie; detaillierte bibliografische Daten sind im Internet über http://dnb.d-nb.de abrufbar.

Wegewarte

Gedichte

Wolfgang Schirmer

Für Uschi

Inhalt

Prolog

Die Wegewarte säumte auf vielen Wegen mein Leben. Von ihrer Verbreitung her ist sie in der Tat ein Wegbegleiter — im übertragenen Sinn ein Lebenswegbegleiter.

Botanisch heißt sie Wegwarte, im Volksmund auch Wegewarte. Ihr Vorkommen in Mitteuropa allein als Pflanze der Wegränder führte zur Erkenntnis, dass sie bei uns eingewandert ist und eine Kulturpflanze darstellt (Archäophyt). In natürlichen Pflanzengemeinschaften kommt sie in Mitteleuropa nicht vor. Ansonsten ist sie in Asien, im Mittelmeergebiet und Nordafrika verbreitet. Sie ist sonnenliebend, öffnet bei warmem Wetter ihre leuchtendblauen Blütenblätter, am liebsten am Vormittag. Sie wendet ihre Blütenköpfe immer jeweils dem Licht zu. Ihr Leben an Wegen wird dadurch ermöglicht, dass sie Kälte wie Hitze, Abgase wie reine Luft verträgt. Der wissenschaftliche Name der Wegwarte ist *Cichorium intybus*, was im Arabischen bedeutet „Endivie, die im Januar geerntet wird".

Ich kenne sie von Kindheit an. Bald war sie Wegbegleiter auf meinen langen Radtouren und Wanderungen. Bewusst wurde sie mir aber richtig dadurch, dass sie vom späten Juni bis September an der Bundesstraße 9 bei Dormagen zwischen St. Peter und Üdesheim die Straße hellblau säumte und mir im Verkehrsstau auf dem täglichen Berufsweg angenehme Augenzwiesprache bot. Jetzt begleitet sie mich auf der Albhochfläche der Fränkischen Schweiz an den Zufahrtswegen und Feldwegen um Wolkenstein.

Sie zieht sich sporadisch durch mein Leben, genauso wie die Gedichte mich sporadisch durch viele Lebenssituationen begleiten, von denen sie erzählen. Darum gibt die Wegewarte meinem Leben einen dreifachen übertragenen Sinn: als räumlicher Wegbegleiter, als Begleiter meines Lebenswegs und als Wesen mit ständig bemühter Hinwendung zum Licht. So widme ich diesem treuen Pflänzchen den Titel zu diesem Bändchen.

Zu den Gedichten

Viele der folgenden Gedichte sind Zwiegespräche mit mir selbst. Ich bin immer Doppelwesen: Da ist mein äußeres Wesen, das handelnde, sprechende; und daneben lebt das innere Wesen, das mich berät, mich hinterfragt, zurückhält, mir Mut macht, mich tröstet. Dieses innere Wesen spricht stets zu mir. Ich spreche auch manchmal hörbar mit ihm, etwa wenn ich stolpere: Pass doch auf, lass dir Zeit. Oder ich tröste mich, wenn ich merke, dass ich falsch verstanden wurde: Du hast es doch gut gemeint, aber offenbar hast du dich nicht richtig ausgedrückt. Wenn also in den folgenden Gedichten das „du" auftritt, so ist das häufig ein Zwiegespräch mit mir. Manches sind Ratschläge für mich selbst, nicht etwa Belehrungen an meine Umgebung. Am Ende sind zu einigen Gedichten Anmerkungen angefügt.

Simisien

Simisien nenne ich Gedichte aller Art, die maximal 160 Zeichen, einschließlich Leerzeichen, umfassen. Das Wort ist abgeleitet von SMS (Short Message System) und dem dazu entstandenen Verb simsen (Die erste SMS der Welt überhaupt war am 3. Dezember 1992 gesendet worden).

Anfang 2001 startete der Uzzi-Verlag Düsseldorf (Harald Müller) einen Wettbewerb, der einlud, zu vorgegebenen Stichworten Texte mit maximal 160 Zeichen zu verfassen. Zur Kategorie Liebe, Literatur und Spaß, und ein Jahr später (2002) zu Lust, Eifersucht und Angst, habe ich einige Kurzgedichte eingereicht. Von ihnen wurden drei Gedichte in die Bändchen Liebe und Spaß (2001) aufgenommen, weitere vier im Wettbewerb 2002. Dieser zweite Wettbewerb wurde jedoch nach Einreichung der Texte vom Verlag abgebrochen. 2012 wurden schließlich von Harald Müller die ausgewählten Texte beider Wettbewerbe digital herausgegeben (siehe Anmerkungen). Meine Freude an 160-Zeichen-Gedichten brach aber 2002 nicht ab. Ich nannte sie dann bald Simisien.

Der Tag — dein Leben

So eilet und lebet,
und schenket und gebet
dem heutigen goldenen
Tag seinen Sinn.

Wer voll von schwer Sorgen
nur denkt, was sei morgen,
der zieht aus dem Leben
nur wenig Gewinn.

* * *

Sieh wachsen den Tag
und sein Glänzen und frag,
ob du ihn schon heute
genussvoll geliebt.

Es kann ein Gesicht sein,
es kann ein Gedicht sein,
ein Baum, auch ein Star,
der im Singen sich übt.

* * *

So frag dich, was willst du
vom Leben und fühlst du,
was du so recht bräuchtest,
um glücklich zu sein.

Und mach dir das Heute
zur winzigen Freude —
bau stets in den Alltag
dein Leben mit ein.

Bekenntnis an den Vorfrühling

Mich treibts hinaus ins Weite,
ein Frühlingshauch von Seide
weht zart mir durchs Gemüt.

Ich müsst noch Vieles schreiben,
doch kann ich nicht mehr bleibent
Unruhe in mir glüht.

Viel Jahr lang müsst ich sitzen,
müsst Text und Zeichnung ritzen,
bis dass berichtet ward,

was in den letzten Jahren
ich von der Erd erfahren,
sie mir hat offenbart.

Doch Mut und Blut sie drängen
hinaus mich aus den Zwängen,
das Jahr beginnt zu blühn.

Ich muss den Frühling fassen,
mich ihn liebkosen lassen,
sein sonnig Land lichtgrün.

Aus Bergen, Felsenkluften
beginnt die Erd zu duften,
mein Blick will weit hinaus.

Ach könnt ich dich durchschreiten
du Erd, zu allen Zeiten,
mich hielt kein fürstlich Haus.

* * *

Verzeih mir, Gott, mein Drängen,
entlass mich aus den Zwängen!
Ein einzig Leben nur

gibst du mir, dem Steinklopfer,
der ich mein Herze opfer
der Erdzeit alter Spur.

Ich will auch einst beizeiten
Erkanntes aufbereiten,
mein Dank dartun der Erd.

Sie hat mich viel gelehret;
dass mich nach ihr begehret,
ist mir mein Leben wert.

O blütenduft'ger Reigen,
schwebst über Gras und Zweigen,
machst alles liebenswert.

Du schmückst die Erde festlich
und machst die Arbeit köstlich,
die liest im Buch der Erd.

Sieh nur zum Schönen

Sieh nur zum Schönen!
Geistig Verwöhnen
sei dein höchster
Lebensbegehr.
Täglich erfreue
du dich aufs neue
an edlen Geistes
reichem Verzehr.

Zwar gibt es Tage
randvoll mit Plage,
Tage, die reichlich
zerschlagen dich sehn.
Doch auch lang Regen
birgt seinen Segen,
und wie er kam,
so wird er vergehn.

Kamele in Mesopotamien

Viel hundert Kamele hab ich gesehn,
eins schöner wie's andere anzusehn.
Man kann sie streicheln, ganz nah hingehn;
ich glaub, sie können mich auch verstehn.

Wenn sie laufen, wie sie sich da wiegen.
Wenn sie schmusen, wie sie sich da schmiegen,
die Hälse eng miteinander verwunden —
sie haben sich sicher sehr lieb gefunden.

Da trippelt inmitten das trampelig kleine,
wenn es pinkelt, spreizt es die Hinterbeine,
blickt aufgeregt nach der Mama sich um.
Die legt ihren Hals um das Kleine herum.

Kamelkinder in der Oase bei Ash Shu'ayb/Sharjah, Arabische Wüste, 09.03.2010

Freundin Erde

Dir hab ich viel schon anvertraut,
dir Erde, Leid und Freud,
kann vor dir weinen, jauchzen laut,
du singst nie Anklag, Neid.

Du ruhst vor mir uralt und weis,
und zugleich jung, verspielt,
gibst ernst mir alt Geheimnis preis,
lachst frech flussbettverwühlt.

Du schenkst mir Ruh auf hohem Stein,
gibst Weitblick übers Land,
dann lockst du mich bergaus, bergein,
Unrast willst du als Pfand.

Verworren ist dein Tuch, dein Kleid;
bis man hindurch sich kämpft
braucht's Forschensnot, Geduld, viel Zeit
und Neugier, ungedämpft.

Doch hohes Ziel, froh prophezeit,
und Durchblick, süß gewährt,
sind höchste Lebensherrlichkeit.
Glück dem, der sie erfährt!

So halt ich Zwiegespräch mit dir,
stell' eifernd dringlich Frag.
Du führst mich und du öffnest mir
an manchem guten Tag

dein Kleid uralter Erdgeschicht
und flüstert mir: nun lies — —
zeigst mir dein wunderschön Gesicht,
in dem ich still genieß.

Du Freundin Erde, hold und weis,
wie gut, dass es dich gibt!
Ich geb dir *mein* Geheimnis preis:
Ich schwärm' von dir verliebt.

Morgenstund

Die Morgenstund ist Zeit für gut Gedanken,
da grad die Nacht dem zart Erwachen wich.
Sie öffnet dir die engen Alltagsschranken,
man ruht und sieht den langen Tag vor sich.

Es ist, als säß man still auf hohem Berge,
blickt fernhin über weites, helles Land,
hat Raum und Zeit, und eh man geht zu Werke,
hat man noch alles recht in seiner Hand.

Da wachsen Pläne, Vorsätze so gute
zu Hauf und wachsen stetig himmelwärts.
Da wird mir freudig, hoffnungsvoll zumute
ums morgenhelle, vogelsingend Herz.

Jetzt sieht man klar, was froh heut sollt beginnen,
was sinnvoll sei und besser wegzulassen.
Drum nutz die Stund, sie schwindet schnell von hinnen,
sobald du tauchst in Alltagslebensgassen.

Die binden dich und engen dich gern ein.
So mancher Wicht kreuzt deinen graden Steg,
streut neue Pflicht in deinen Plan hinein —
verquert am End den wohldurchdachten Weg.

Skizziere knapp den hellen Morgenplan
und mach ihn dir zum Faden für den Tag.
Fang unbeschwert am besten Ende an
und bleib gelassen, wenn was gar nicht mag.

Bedenke, dass zu fortgeschrittner Stunde
die schwerste Pflicht schon abgeschlossen sei,
denk auch ans Glück im Herzensgrunde
bei Abendstille und Schalmei.

Murrannen

Die Füße von Schutt begraben
stehen die Kiefern erhaben
auf tobender Mur.

Sie dienen als dürre Rannen,
die Wucht der Mure zu bannen
in kahler Flur.

Das Bild lässt sinnig uns lesen,
im Tode noch zieht das Wesen
dienende Spur.

Rannen sind abgestorbene, häufig umgestürzte Bäume. Sie können auch begraben, also fossil sein. In den Hochgebirgen gibt es auch teilweise oder ganz begrabene Bäume (Mur-Rannen). Kiefern, die im Bereich von Mur-Abzugsrinnen stehen, können bei Starkregen periodisch von Murschutt ummantelt werden. Sie vertragen bis etwa 2 m hohe Verschüttung ihres Stammfußes. Bei weiterer Verschüttung sterben sie ab und werden so, durch den Schuttmantel gestützt, zu aufrecht stehenden Rannen. Sie helfen aber auch im abgestorbenen Zustand noch, die Wucht der Muren zu bremsen

Murrannen in der Mure der Roa dai Tamers im Rautal bei St. Vigil in Südtirol. Die emporragenden Rannen wurden, nach dendrochronologischer Messung durch Wulf Hüsken, im Jahr 1832 durch eine Mure verschüttet. Nur ihre obersten abgebrochenen Stümpfe ragten aus dem Murschutt. Erst beim Abbau des Murschuttes zur Verwendung als Straßenschotter wurden sie wieder so freigelegt wie man sie im Bild sieht, 21.06.1994.

Herbstbunt

Noch prangt der Herbst
in leuchtend bunten Farben.
Nimm dir die Zeit,
trink dich am Golde satt.

Zur Winternacht
brauchst du nicht Dürre darben —
die Seele trinkt
in dir noch Blatt für Blatt.

Boulder Mountains in Utah, 15.10.2013

Simisien 1

Lustlicht

Ich sags gradewegs heraus:
Ohne Lust kein Leben.
Würd es sie nicht geben,
säh es in mir traurig aus.
Lust ist wie das Licht im Haus.

Igelglück

Einst kroch ein Igel auf die Straße,
roch am Asphalt mit feiner Nase,
entdeckt Benzin und riecht sich satt,
und riecht voll Glück — da war er platt.

Altgriechischer Brauch

Im schönen Land der Aphrodite
zahlt einst ein Priester Beischlafmiete.
Bewarf die Schöne erst mit Geld.
So wusst sie, dass sie wohlgefällt.

Das Meer

Ruhig liegt das Meer und still
und ich rudre mit Gefühl
in die Dämmrung meinen Nachen
und ergötz mich an dem Lachen
meiner nacktweißen Sibyll.

Holländische Ehe

Es lockt der Rhein die Maas einmal:
Hallo, ich find dich nett.
Die Maas kroch gleich zu ihm ins Bett.
Draus schlüpften Merwede und Waal.

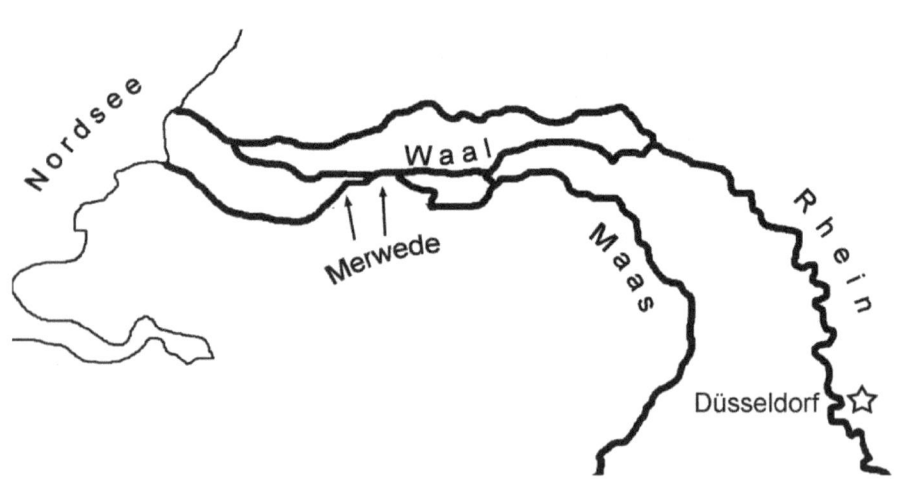

Fels

Fels, wie fügst du dich — so alt —
so harmonisch in die Welt.
Wie der Baum in Wind und Wald
zeitlos jedem Stil gefällt,

schenkst du durch wild Form und Farbe,
durch hellquarzverheilte Narbe
rot entflammt im Sonnstrahl früh
der Natur die Harmonie.

Aplitgang im Granit. Aplit ist ein Gang aus Quarz und Feldspat. Dieses hellrötliche Gestein drang aus einem Magmenkörper in der Tiefe auf einer Spalte auf und durchschlägt hier einen grau aussehenden Granit. Alter: rund 300 Millionen Jahre. Steinberg südlich Münster in den Vogesen, 15.05.1980

Das Beste im Leben

Willst du etwas hüten,
so hüt' deine Zeit.
Sobald sie dir fehlt,
verursacht sie Leid.

Schieb sie nicht auf,
häuf sie nicht an,
genieß sie zuhauf –
schnell ist sie vertan.

Die beste Beziehung
sie reicht nicht so weit,
dass wieder sie brächte
verlorene Zeit.

Sie gibt es nur einmal,
kehrt niemals mehr wieder
durchtanze und schmück sie
mit Liedern und Flieder.

Und willst du nicht tanzen,
genieß in der Stille,
ihre Klänge und Farben
und Düfte in Fülle.

Denn wenn du erst stirbst,
brauchst du sie nicht mehr.
Dann schwirrt sie um dich
als Idee noch umher.

Etymologie des Schienbeins

Es *schien* die Sonne,
sie *schien* auf das Bein,
da beschloss das Bein,
ein *Schien*bein zu sein.

Denn es fühlte – so *schien* ihm –
dass in der Sonne die Welt
so golden be*schienen*
am besten gefällt.

Romantik

Romantik ist schwärmerisch, irreal.
Der Weg der Gesellschaft zu ihr ist schmal.
Als Träumer, Schwärmer, weltfremd im Geist
wird man gebranntmarkt, und dann zumeist
von keinem so richtig mehr ernst genommen,
der das Treppchen des Lebens erfolgreich erklommen.

Romantik, sie gilt als Sache der Jugend.
Nach romantischem Ausschweif ruft man zur Tugend,
zur Tugend des ernsthaften, harten Lebens.
Romantik sucht man darin oft vergebens.

Was ist's, was die Herzen so sehnsuchtsvoll macht?
Woher kommt denn das Träumen nach mondheller Nacht,
das Schwärmen für Freiheit von jedweder Bindung,
frei aller Fesseln, frei in Empfindung,
die Suche nach Fernem, nach bunt Ideal,
nach Märchenwelt, Träumen vom glänzenden Kral,
Sich-verwandeln in übernatürlichen Künsten
und abgerückt atmen in Düften und Dünsten?

Die Freiheit, sie ist's, die das Irreale belässt,
das irgendwo tief verwurzelt und fest
in uns schlummert, und bei der Persönlichkeitsfindung
in uns sich entfaltet so frei jeder Bindung.

So sieht man die Welt durch andere Augen,
die Farben, Bewegung voll Sehnsucht einsaugen:

Aus Blatt und Halm seh die Pflanze ich nicht,
ich seh sanftes Wiegen im flimmerden Licht.
Der Fels ist nicht karg und nicht hart und grau,
ich seh das Gesicht der Steinernen Frau.
Der Bach rinnt nicht nur, um Wasser zu geben,
ich seh in ihm singend und tanzendes Leben.
Ich seh nicht die Menschen in Anzügen, dunkeln,
ich such, ob die Augen aus Traumwelten funkeln.

Mich ziehn nicht Stärke noch Schönputz dahin,
sondern der oder die, die mit herzbrennend Sinn
voller Hoffnung und Sehnsucht und Traum mit mir gehn,
um die Tiefen des Lebens auch recht zu verstehn.

Dazu gehört auch die irreale Welt,
die Kindern gleich der realen gefällt,
die die Alten, längst abgelegt, sehnlich vermissen,
oft wieder in Kursen erlernen müssen:

Der Hoffnung zu leben, das Schweigen verstehn,
in der Sturzflut das Leben der Erde zu sehn,
die Menschen vor Technikglauben zu warnen,
das scheinbar Reale als Trugschluss enttarnen.
Mit innerer Kraft dem Glauben zu frönen,
zu lauschen den edelsten unter den Tönen.

Hör in dein Innres, nie ist es zu spät,
Erhalte dir viel von der Irrealität.
Da wächst dir ein Reichtum, eine andere Welt,
die zur nüchtern-realen einen Wohlklang erstellt.

Die Wüste

Die Wüste ist tatsächlich wüst.
und wer allein ist, ist verloren.
Weh' dem, der für das Fass geboren,
der je dem Bier gefrönt, der büßt!

Doch büßt gern ein, der hier vertauscht
all Unrast und Unstetigkeit
mit Ruh und inn'rer Einsamkeit,
die er der Wüste abgelauscht,

der seinen Blick ans Firmament
hinauswirft, wo nur weites Land
und glüh'nde Erde sonnverbrannt
sich kaum vom Glast des Himmels trennt.

Geläng es mir, als Lebenstrank
ein Stück der Ruhe und des Glanzes
ins Wesen mir, vermischt als Ganzes,
zu schlürfen tief, wär ich voll Dank!

Herbstlied

Der Kirschbaum hat 'ne Glatze.
Noch baumeln an dem Baum
ein paar goldgelbe Blätter
mit ausgefranstem Saum.

Das Gras wächst nicht mehr weiter,
es glitzert weiß vor Reif.
Am Birnbaum steht die Leiter,
die Sprossen frieren steif.

Um seine letzten Birnen
zankt Amsel sich und Star.
Auch ihren kleinen Hirnen
wird nahe Kargzeit klar.

Die Birke im Goldreigen,
verschenkt den Glanz dem Gras.
Der Wind fegt in den Zweigen
mit wirbelnd Lust und Spaß.

Manch haarig Spinnenschätzchen
schlüpft flugs zum Fenster rein,
sucht sich ein Winterplätzchen
hinter dem Tellerschrein.

Im Morgennebelglanze
wird's Vogelzwitschern leis.
Im Grase reihn zum Tanze
die Pilze sich im Kreis.

Der Wald wie ein Kirche
aus goldenschwer Barock,
schwarzschlanke Orgelpfeifen
mit breitem Wurzelstock.

Der Wind wie Orgelbrausen,
dann zarter Flöten Ton.
Wo knarrend Äste reiben
klingt's wie ein Saxophon.

Der ganze Wald ein Klingen
im farbenfrohen Rausch,
ein Instrumentensingen —
ich steh', und staun', und lausch'.

Ich träum ins leise Rauschen,
den zarten Blättertanz,
und könnt ihm ewig lauschen
im warmen Herbstscheinglanz.

Herbst in Wolkenstein, 01.10.2009

Du glaubst, dass du das alles
nicht recht genießen kannst,
weil Wintertodesahnen
du in der Herbstpracht fandst?

Solch lieblichbuntes Leben
voll goldnem Sonnenschein
kann niemals Kunde geben
von arger Todespein.

Der Winter ist der Frieden,
nach dem sich jeder sehnt,
nach buntem Jahrestreiben,
dankbar zurückgelehnt.

Willst du nach hellem Feste
nicht selbst auch einmal ruh'n?
Es ist gewiss das beste
besinnend so zu tun.

Gönn' diese inn're Stille
doch dir wie der Natur.
In Stille nacherleben
heißt, wahr Erlebnis' nur.

Ist nicht ein jed' Jahr eigen?
Keins ist dem andern gleich.
Um solch Vielfalt zu zeigen,
braucht's bunt Ideen reich.

Der Winter ist das Denken
der geistreichen Natur,
wie sie dich wird beschenken
in Bergwald, Fels und Flur.

Der Winter sei dir Spannung,
wie sich der Frühling zeigt.
Genuss ob guter Ahnung,
dem Künft'gen zugeneigt.

So darfst fortan genießen
den Herbst in seiner Pracht. —
Das Licht zu schätzen wissen
geht nur aus tiefer Nacht.

Simisien 2

Den Jugendlichen, meinen Studenten

Alle sind sie anders,
alle sind sie gut.
Für's Leben wünsch ich allen
nimmermüden Mut.

Lustbaum

Ein Baum neigt sich zum andern,
würd gern vor Lust hinwandern.
„Der Schöpfung Wille,
bindet uns stille."

Ein Windstoß mit Wucht,
schenkt ihm, was er sucht.

Herzschmuck

Suchst mit Eifer zu ergreifen
wen des Partners Blicke streifen.
Spar die Hatz und auch den Schmerz,
schmücke lieber Haar und Herz.

Götter

Es ist so ein beruhigendes Gefühl,
dass in dem kunterbunt Gewühl
verschiedenartiger Religionen
die Götter all im selben Hause wohnen.

Zeit

Zeit, wie eilst du denn dahin!
Als ich jung war, war erst gestern.
Lebenshöhe war heut morgen.
Schon ahn ich die Alterssorgen. —
Drum füll jeden Tag mit Sinn.

Die Gewissheit des Lichts

Glaube ist, wenn dir der neue Tag
trotz tiefer Nacht Gewissheit ist,
du atmest Ruh in Dunkelheit ohn Klag,
weil du das Licht schon in dir siehst.

Hoffnung ist wie zarter Morgenschein,
den du in langer Nacht erwartest,
der das, was heftig in dir wogt, ganz fein
ausglättet, und du nicht ermattest.

Liebe ist, wie heller Sonnenstrahl,
der warm unter die Haut dir dringt,
dich zärtlich küsst, umwebt und auf einmal
frohlachend in dir schwingt und singt.

Verzeihung ist, wenn dann allmählich sacht
der Sonnstrahl, der dich warm anlacht,
die Angst und lange Bange dieser Nacht
dich endgültig vergessen macht.

Vita posthuma

Geist und Sinne sei das höchste,
was du für uns hast, und beste.
Wenn wir einmal wankend sinken,
lass uns tief aus ihnen trinken.

Dass der Leib einst muss zerfallen,
sich in Erd und Luft auflösen,
ist zu gut bewusst uns allen ----
doch es gibt auch höh're Wesen.

Sicher finden Wohlgefallen
sie an unsern Geist und Sinnen.
Also dürfen sie entrinnen
aus des Leibes schwacher Hülle
und mit ihrer Reichtum Fülle

einziehn in ein höher Leben,
wo sie schwelgen, Tiefe schürfend,
Geist des besten Weines schlürfend,
freudig singen, klingen, weben.

Tropfenboden

Tundrenboden, tief gefroren,
taut im Eiszeitsommer auf.
Schwerem, welches obenauf,
geht nun jeder Halt verloren.

Gnadenlos, Hals über Kopf,
sinkt in wasserreichen Sand,
ohne haltgebietend' Hand,
Tundrenlehm — der arme Tropf!

Nie sah eine Leidensträne
ich im Fallen festgehalten.
Doch der Erde reich Gestalten
bindet noch vom Leid das Schöne.

Schweres sinkt in Leichtes ein. In und auf der Erde spielt sich das besonders bei genügend Feuchtigkeit oder Gleitfähigkeit ab. Dabei können Bilder entstehen, wie es hier beim Einsinken von tonigem Lehm in Sand geschieht. Alter: rund 500.000 Jahre. Sandgrube Lettenreuth am Obermain, 25.04.2012

Gebet

Gott hilf mir, richtig zu entscheiden —
Gott hilf mir, Unrecht zu vermeiden —
Gott hilf mir, dass ich Freude schenke
und was ich tu, zum Guten lenke.

Gott hilf mir, dass ich Menschen diene
und nicht nur tu, was mir erschiene,
das es das beste sei für mich,
sondern was recht erscheint für Dich.

Kunst

Kunst ist, was mein Auge gern beschaut.
Kunst ist, was mich innerlich erbaut.
Kunst ist, was mein Herz in mir bewegt.
Kunst ist, was zum Denken mich anregt.
Kunst ist, woran Schönes ich empfinde.

Trifft es all das aber nicht,
ist's keine Kunst, dann ist es Sünde.

Die Tomate

Im Zugabteil, Erstklasscoupé,
reist froh ein Mensch von A nach B.
Und wie's der Feiertag so will,
ist das Abteil gefüllt und still.

Der Mensch greift freudig zur Tomate,
Weil, anders als die Schokolade,
sie seinem Magen wohlbekommt,
auch dem Gewichtsbewusstsein frommt.

Er dreht sie hungrig und begehrlich,
wohl wissend, dass sie auch gefährlich,
ist sorgsam, dass er nicht zuletzt
die zarte Außenhaut verletzt.

Tomatenfrüchte sind ein Wunder,
vollkommen essbar, ohne Plunder.
Wie birgt die Schale einer Nuss
Doch oft dem Knacker viel Verdruss!

Des Apfels Spelze zwingt zum Spucken,
Auch angstvoll würgend zum Verschlucken.
So mancher Zwetschgenkern im Munde
verbrachte dort schon eine Stunde.
Selbst der Orange ölig Schalen
verursachen Vernichtungsqualen.

Wie bist du da, Tomate, herrlich,
so schwärmte unser Mensch ganz ehrlich.
Welch Glück — es gibt nichts zu entkernen,
nur einen Butzen zu entfernen —

und der lässt sich in allen Ecken,
auch in der Rocktasche verstecken.
Auch ist sie rotbackig und prall,
In Form und Farbe ideal.

So schwärmend dreht der Mensch die Frucht,
die er genüsslich untersucht,
von welcher Seit' die roten Backen
sind wohl am besten aufzuknacken.

Man könnt sie mit dem Messer teilen,
doch tropft und spritzt es dann zuweilen.
Und erstens hat der Mensch kein Messer,
und zweitens geht es anders besser —

so sinnt er, schließt dabei die Augen
und träumt, das Innre auszusaugen.
„Ich hab's, ein Strohhalm würd' mir dienen!" –
Doch ist ein solcher nie erschienen.

Er drückt die eine Seite seicht,
es beult die andere sich leicht.
Dabei sieht er im Geist und schwitzt,
wie es dort platzt und quillt und spritzt.

Er dreht nervös den roten Ball. —
Es treibt des Hungers Sehnsuchtsqual
den Mensch zu abseitig Gedanken.
(Der Hunger bricht so manche Schranken.)

Wie wär's, wenn er die Frucht zerbricht,
zerreißt, zerdrückt, zerquetscht, zersticht? —
Nein, um ihn sitzt man höchst possierlich,
und solches Tun ist unmanierlich.

Da bringt ihm eine gute Fee
schließlich die rettende Idee:
Wie, wenn das schöne rote Rund
verschwände ganz in seinem Mund?

Er probt es, öffnet weit die Lippen —
Und sieht sein Gegenüber tippen
mit krummem Finger an die Stirn.
Schließ deinen Mund, sagt ihm sein Hirn.

Er probt noch einmal — ganz im Stillen —
den Mund mit seiner Frucht zu füllen.
Doch leider passt sie nicht hinein.
Er merkt, sein Mund ist viel zu klein,

schaut schüchtern flüchtig in die Runde,
Sieht Menschen nur mit strengem Munde,
Sieht jedes Aug' als strafend Blick,
und zög am liebsten sich zurück.

Schnell legt das Unding er vor sich:
„Tomatenessen – fürchterlich!"
Wenn er nicht unter Menschen säße!
Wenn der dort drüben nur vergäße,
dass er Tomaten essen wollte! —

Wie, wenn sie ihm jetzt schnell entrollte?!
Diese Idee besticht ihn jetzt,
von tausend Augen angstgehetzt.

Kaum, dass er glücklich dies gedacht,
entschlüpft sie seinen Fingern sacht.
Sie rollte fröhlich zu den Beinen
der strengen Gegenüber einen.

Der springt kurz auf, bückt sich hinab
und liefert brav das Unstück ab.
„Ich dank Ihn' herzlich", sagt sehr freundlich
der Mensch, dem das jetzt äußerst peinlich,
dass seine schlau erdachte Tücke
misslang, das Unstück kam zurücke.

Er putzt sie sorgsam, Seit' für Seite,
und denkt, dass er nicht länger leide,
isst er sie, wie man eben isst,
ohn' Tücke, Krampf und sonst'ge List.

Ein jedes Brötchen knabbert man
von außen mit den Zähnen an,
besonders wenn es innen weich
und außen härter ist zugleich.

So isst der Mensch nun die Tomate,
die ihm als Abfall doch zu schade,
und knabbert zart mit seinen Zähnen,
alsbald den Gaumen zu verwöhnen,

die Außenhaut ein wenig an,
saugt mit gestülpten Lippen dann
und mit des Mundes wilder Kraft
ihr aus dem Inneren den Saft.

Der Mensch nach all dem Seelenkrieg
ist stolz bewegt durch Saft und Sieg.
Die Augen etwas aufgerissen,
ganz in den roten Ball verbissen
erklingt ein schmatzendfeuchtes Schlürfen.

Der Mensch denkt, das, was wir nicht dürfen,
sei hier in Notwehr ihm erlaubt —
selbst wenn's der Nachbar anders glaubt.

Der hätt' das Ganze ihm verziehen,
kaum Augenmerk dem Mensch verliehen,
lief diesem nicht schier um die Wett'
der rote Saft übers Jackett.

Er tropft auf Hemd, auf Schlips und Hose
und alles das, was fest und lose
an unserm Mensch an Kleidern hängt. —

Der Nachbar starrt. — Der Mensch, er denkt —
erschrickt, springt auf und sucht sein Heil
durch eil'ge Flucht aus dem Abteil.

Nach wenigen Sekunden schon
sieht an der nächsten Bahnstation
der Nachbar unsern Mensch verwirrt,
wie er zum Bahnhofsausgang irrt.

* * *

Im Abteil hängen Hut und Schal. —
Als Zeugnis einer Essensqual
klebt auf dem Boden rot und fest
des runden Undings letzter Rest.

Ein Morgen in der Wüste

Im Schafstall schlafen wir zu drein:
Frank Bochmann, Striedter Klaus,
das dicke Fahrtgepäck und ich
füllen den Lehmstall aus.

Ein offnes Loch, das ist die Tür,
ein Fenster gibt es nicht,
ein Lehmpfahl stützt das Schilfdach ab,
nachts gibts Petroleumlicht.

Zwei Schwalben turteln überm Kopf,
früh, wenn das Taglicht graut
Eidechsen sind in Schuh und Topf,
zwei Störche klappern laut.

Früh sechs erscheint des Himmels Rot,
die Ziegen ziehn vorbei.
Der Esel nebenan erwacht
und sein erbärmliches Geschrei
durchdringt den Morgen im Hamrin.

Es grüßt Sie fern aus Nuriamin.

Der Eiszeitbeweis

Es schien die Sonne,
aber nur fahl,
denn es war Eiszeit
und alles war kahl.

Zwei Mammuts stehen
verträumt am Main
im winterlich kalten
Dämmerlichtschein,

vergraben in tief-
besorgte Gedanken,
wie dereinst man bewiese
die Eiszeit in Franken.

Sie blicken sich an
und trotten zum Fluss,
und setzen, recht vorsichtig,
Fuß neben Fuß.

Dort, wo die Sandbank
ganz silttonig fein,
da sinken die beiden
ein klein wenig ein.

Doch dazwischen beginnt
sich die Sandbank zu wölben,
alsbald klafft ein Riss,
und er trennt dieselben.

Der Riss vertieft sich
hinab und wird breit.
Nun heißt's für die beiden
hocheilige Zeit.

Schon sprühn sie mit haa-
rigem Rüssel wie toll
die Spalte bis oben
mit Mainwasser voll.

Des nächtens gerfriert
das Wasser zu Eis
bis tief in den Spalt,
wird glitzernd und weiß.

Da stehn nun die beiden
und schmunzeln leis:
„Dies wird für Freund Homo
der Eiszeitbeweis".

Am andern Morgen
da trotten sie wieder,
die spaßig gelaunten
eiszottigen Brüder,

sie nicken sich zu,
jeder weiß, was man will:
das hochglaziallustige
Eisspalten-Spiel.

* * *

Zwanzigtausend Jahr später
gräbt ein Bagger dort auf.
Man studiert die Terrasse
und prostet darauf,

auf den Eiskeil, des Schotters
glazialen Beweis! ———
Und hörten's die Mammuts,
sie kicherten leis.

Un-Ausweg

Wer mit sich selber unzufrieden,
von seinen Wünschen weit geschieden,
der neigt dazu, mit schweren Hieben
die Schuld den andern zuzuschieben.

Unangenehm ist Selbstkritik,
braucht Ehrlichkeit und offnen Blick —
weit angenehmer, man schweift um,
heischt Mitleid im Märtyrertum.

Drum sei es allen laut gesagt:
Wer andre gern und oft verklagt,
der lastet sein misrat'nes Ich
dem Nächsten an — wie mitmenschlich!

Loslassen

Hüll dein Violett in Schweigen,
stopf die Nebel in den Schnee.
Trink den Sonnstrahl in den Zweigen,
dann verfliegt dein tiefes Weh.

Tausch die düstern Fahlgesichter
mit dem sonngewärmten Stein.
Lausch dem Sang der Feengelichter
aus dem Wellentanz im Rhein.

Ersehnte Landfahrt

Wie flog einst geschwind ich und leicht übers Land,
mich störten nicht Regen noch Hitze.
Wie weit mich es trug, hatt ich selbst in der Hand,
nur Bewunderung lockt' mich zum Sitze.

Die Erd zu durchschaun, ihr manch Rätsel entziehn,
ist des Herzens höchstes Verlangen.
Es gab Schaffenskraft mir und stets heiteren Sinn,
vertrieb Müdigkeit, Unlust und Bangen.

Doch plötzlich erfasst mich die schwarzschwere Hand,
gießt Blei mir in Adern und Glieder.
Ich steh — blick verzweifelt aufs grünende Land,
bleischwer ziehn die Beine mich nieder.

Da lieg ich am Waldrand, auf grasigem Fleck,
seh die Wolken am Flug sich beglücken;
wie zartfeines Haar umspielen sie keck
des Berges waldfelsigen Rücken.

O wär ich, wie ihr, so leicht und behend,
könnt umstreicheln Gipfel und Gründe!
Ich sähe viel besser, was eint sie und trennt,
und so manche Erkenntnis erstünde.

Bald pocht mir das Herz im Leibe lautschwer,
lässt schwitzen mich, frieren und zittern.
Das Blut drängt zur Brust, mich drehts hin und her,
ich spür mich vergehen, verwittern.

Die Schwere erdrückt mich, das Land seh ich bleich.
In Schlaf sink tief ich vor Schwäche. — —
Im Traume schweb ich den Wolken gleich,
umschmeichelnd Fels, Hänge und Bäche,

durchziehe die Lande mit leichtem Fuß,
die Taschen mit Steinen beladen. — —
Da weckt mich ein Engel mit zartem Kuss:
„Sei befreit, du, von allem in Gnaden".

Hellwach spring ich auf — nein ich träume nicht,
das Land liegt vor mir und leuchtet,
die Taschen sind voll von der Steine Gewicht,
die Wangen vor Freude befeuchtet.

Sieh Erd, ich bin wach! — Nein, ich träume nicht,
geh leicht, wohin ich mich kehre.
Ich eile, spür kaum noch der Beine Gewicht,
befreit von Blei und von Schwere.

Ach Land, dich durchlaufen, hoch felsgekrönt kühn,
Geheimnisse dir zu entlocken!
Ich darf Dich, Erde, wieder durchziehn!
Dank lässt mein Gemüt hell frohlocken.

Neandertraum

Und wiederum ein andermal
zog es mich ins Neandertal.
Ich träumte von der Grotten
uralt Gebein-Klamotten
und fand die Talschlucht ideal.

Etwas Liebes

Hast du Gutes für den Freund, so gib es,
sag ihm täglich etwas Liebes.

Hoffnung

Lust auf Leben
vermag uns zu geben
Stärke und Kraft,
die Unmögliches schafft.

Loreley

Vor zweimal hundert Jahr'n erfand
Brentano seine Loreley.
Seitdem ist sie fürs rhein'sche Land
ein vielgeliebtes Konterfei.

Gott und Seele

Bist Du in mir?
Bin ich in Dir?
Ich weiß es nicht.
Ich spür Dich nur
als nahes Licht.

Du Gott und meine Seel,
die einst Du schufst so hell,
ihr seid aus Geist und Licht,
nicht Formen noch Gesicht,

und seid bestimmt nicht körperlich,
— das hat das Göttliche an sich —
so denke ich es mir,
so fühl ich es an Dir.

Lass stets mich nahe um Dich sein,
wirk tief auf meine Seele ein,
wirf wohlwollend und liebend zu
ihr einen Hauch göttlicher Ruh.

Unser Leben

Du hast uns die Kraft gegeben
für ein ganzes Menschenleben.
Und den Geist schufst du noch größer,
dass er weiter blickt und besser,
weit zurück in Vorzeittage,
weit voraus — das ist die Frage.

Doch der Geist allein nutzt wenig.
Nur beleibt ist er der König
neben Körper und Gemüt,
ohne die er sinnlos blüht.

*   *   *

In den weiten Lebenswiesen
dürfen alle drei genießen —
Körper und Gemüt und Geist,
wer, das wechselt ab zumeist:

Hände dürfen Formen fühlen,
Zehen Schlamm und Sand durchwühlen.
Wangen, Äuglein, all die süßen,
dürfen unsre Lippen küssen,
und manch Leib genießt bewusst
Fleischeslust, wie Fleischeslust.

Nackte Haut liebt sich zu aalen,
tiefdurchwärmt von Sonnenstrahlen,
windumfächelt zart am Strande,
warmes Bett im weichen Sande.

Mancher liebt es eher nasser,
kühl umschmiegt von weichem Wasser,
zartbenetzt von Regentropfen,
die auf seine Stirne klopfen.

*   *   *

Das Gemüt in unsrem Herzen
leuchtet auf im Schein von Kerzen,
Glühwürmchen und Lagerfeuer,
träumt von Lebensabenteuer,
Nachtigallenlobgesängen,
brausenden Orchesterklängen,
klaren Baches einsam Rauschen,

lauer Sommernächte Plauschen,
froher Menschen herzhaft Lachen,
muntrer Augen hell Erwachen,
warmen Klängen der Gitarre,
einsam Wölklein der Zigarre —
jeden Tag und irgendwo
gibt's, was dein Gemüt macht froh.

*   *   *

Körper und Gemüt, die beiden,
müssen leider gar oft leiden.
Es entrinnt der Geist viel besser
scharfem Angriff, spitzem Messer.

Wenn Gemüt und Körper wanken
dank Bazillus, Trübgedanken,
sinken freudlos, krank darnieder,
webt der Geist noch seine Lieder;

er, Zündfunke unsres Lebens,
ohne ihn lebt man vergebens.
Er durchstöbert noch die Welt,
wenn der Körper schon verfällt.

Auch der Geist beliebt zu schwelgen,
Funken aus dem Hirn zu melken,
sinnreich Wortspiel zu genießen,
was noch keiner ahnt, schon wissen,
Erstideen die Flagge hissen.

Für den Geist ist's Lustempfinden,
Licht im Dunkel zu ergründen,
Unbekanntes zu durchwühlen,
Zeit ideenreich zu füllen.

Für den Geist ist's Festtagessen,
kann er logisch scharf durchmessen
wie — ob der Naturgewalten —
seine Werke standhaft halten.

Er schweift aus in fernste Weiten
und kann Grenzen überschreiten,
was der Körper längst nicht tut,
denn oft fehlen Kraft und Mut.

* * *

Heisa, wenn sie alle drei,
Körper, Geist, Gemüt sind frei,
funkeln freudig, ungebunden,
brausen auf zu Weltenstunden,

leuchten hell in dunkle Gassen,
toben durch die trägen Massen,
feiern schallend heere Feste
— weltumarmend Freudengeste,

bringen sie die Welt zum Schwingen,
die Natur zum Tanzen, Singen,
reißen sie den Trübgelaunten
in den Strom, den freuddurchraunten.

Der Begeistrung hohe Woge
zieht die Matten mit im Soge,
alles Schlummernde wird wach,
Augen glänzen tausendfach.

* * *

Doch — das sind nur höchste Stunden.
Wir bekennen unumwunden:
Nicht des Lebens Alltagsstil
ist's — doch unsres Hoffens Ziel.

Hohes Glück kann — wie wir wissen —
man nur dann richtig genießen,
wenn man aus des Dunkels Qual,
tief aus der Verzweiflung Tal
aufsteigt zu des Lichtes Höhn
— so wird erst das Leben schön.

* * *

Manchmal hängt auch schweres Bangen
an den tränenreichen Wangen.
Schmerz und Trauer, innre Leere
stehn der Hoffnung in der Quere.
Weder Körper, Geist, Gemüt
spürt ein Pflänzlein, das da blüht.

All, das gestern noch so wichtig,
ist auf einmal klein und nichtig.

Aller Ehrgeiz, zu erschaffen,
kam auf einmal zum Erschlaffen —
und man ahnt in der Verwesung
tiefe Sehnsucht nach Erlösung.

Nur als Staub sieht man sich tanzen,
als ein feines Korn des Ganzen,
willkürlich sturmaufgewühlt,
bald vom Bach hinabgespült.

Weg, so schnell wie er erschienen,
fühlt man seinen Leib zerrinnen
und der Geist zerweht gelinde
zart hinweg im Maienwinde.

Doch ist das das End vom Ende?
Geist, Gemüt und deine Hände,
sollen, wie sie einst gekommen,
froh den Lebensberg erklommen,

ohne Glücksposaunenschallen
lautlos, leer in sich zerfallen?
Nein – ich will ja nicht zu viel,
dies ist nicht das Lebensziel!

* * *

Tausendfach hat unsre Erde
solch bewegte Lebensfährte
erst durch Blütenduft begleitet,
schließlich ihr ein Grab bereitet.

Was für uns ein langes Leben,
ist ein kurz Sekündlein eben
für der Erde Zeitgefühl,
die Millionen Jahre viel

ständig neues Leben bringt
und sogleich wieder verschlingt,
tausendfältig, scheinbar sinnlos. —
War es wirklich so gewinnlos?

Wenn ich denke, welche Wege,
welch verschnörkelt Schaukelstege
es gebraucht von ersten Algen
in uralt präkambrisch Kalken,

zu den Muscheln und Seelilien,
zu Amphibien und Reptilien
über Säugetiere mächtig
bis zum Menschen, der sich prächtig

für der Schöpfung Krone hält,
spielend mit dem Rest der Welt — —
wenn ich denke, welche Wege,
welchen Zufalls Schaukelstege

es bis dahin hat gebraucht
zu alldem, das da gekraucht,
sehe ich, dass jedes Leben
nötig war, erneut zu geben

neues Leben. Formenspiel
führt zu der Entwicklung Ziel.
Unser Tod bereitet eben
Platz für junges, neues Leben.

Hätt ein Vorzeitfisch gewusst,
dass die Fress- und Liebeslust
einmal in das Ziel einmündet,
das amphibisch Sein begründet?

Nein, er konnte es nicht wissen,
denn beim fischlich nassen Küssen
dacht er nicht, dass es Millionen
braucht von Generationen
bis zu dem Entwicklungsschritte
in des Paläozoikums Mitte.

Also können wir nicht sehen
wohin unsre Wege gehen,
ob sich da ein Sinn lässt finden,
der mein Leben lässt begründen.

Bleibt dir nur, daran zu glauben,
dass dein Leben weitergeht.
Lass dir nicht die Freude rauben,
wenn dein Sinn nach Zukunft steht.

Sei's, dass du als Punkt wirst schweben
durch ein virtuelles Leben
mit tiefalldurchdringend Augen,
die für zeitlos Durchblick taugen.

Sei's, dass du den Stab gibst weiter
auf der Individuenleiter;
bist des Ganzen dann ein Stück —
Reicht das nicht fürs Lebensglück?

Irgend sowas magst du denken,
deiner Zukunft Freude schenken.
Grüble nicht zu lang darüber,
sonst bleibt nichts fürs Jetztsein über.

Achte, dass sie alle drei,
Körper, Geist, Gemüt, sind frei,
frei von Schwere, frei von Bangen,
um den Zustand zu erlangen,

der dich glücklich leben lässt,
fühlen, denken, im Geäst
aller Lebenswirren schweben,
zu erfülltem, guten Leben.

Sollten diese Drei einst wanken,
akzeptiere deren Schranken.
Richte dich in rechter Weise
ein im neuen Lebenskreise,

selbst wenn sie etwas eingeschränkt,
im Freiheitsdrang etwas beengt,
gib dem Schwäch'ren nötge Ruh,
die andern form geschickt dazu.

Es lässt sich in allen Gründen
irgendeine Nische finden,
in der Körper, Geist, Gemüt von neuem,
sich in Harmonie erfreuen.

Erfülltes Schenken (Sonett)

Der Schenker, der gelobt sein will,
kennt nicht das rechte Schenkgefühl.
Denn alles Schenkerglück zerbricht,
erfüllt sich die Erwidrung nicht.

Wenn der Beschenkte ihm nicht dankt,
ist flugs sein Schenkerglück erkrankt.
Er schenkt mit Stolz anstatt mit Herz,
anstatt beglückt, ist er voll Schmerz.

Wenn du schenken möchtest, schenke.
Grüble nicht noch nach und denke,
ob der Beschenkte dankbar sei.

Schenken ist guttun, genießen,
ohne vom Erfolg zu wissen,
gänzlich von Erwidrung frei.

Glück und Leiden

Ach wie sind doch Glück und Leiden
gar oft nahe beieinand'!
Liebend rauben uns die beiden
manchmal beinah' den Verstand.

Holdes Wesen, das du neulich
wieder mir begegnet bist,
brachtest mir zur Freud auch Leiden,
weil mein Herz dich nicht vergisst.

Eiltest freudig mir entgegen,
dein Gesicht erstrahlt verzückt,
und ich frage mich, weswegen
spielt mein Herzschlag so verrückt.

Schon von fern zeigt deine Geste,
dass auch du scheinst freudbewegt,
zeigen Augen, Mund und Hände,
dass sie mehr als sonst erregt.

Würde einer dich betrachten,
wie du mir entgegeneilst,
wüsst er nicht, ob du nur grüßend
oder bald umarmt verweilst.

Wie tief, ach, trifft mich dein Auge!
Fast verschlingt es mich vor Glück!
Doch — dicht vor mir bleibst du stehen,
trittst dezent ein' Schritt zurück.

Höflich sprichst du und mit Würde
— nur die Hand drückt tiefer ein,
als normal ich das empfinde,
mag's ein bisschen auch nur sein.

Lippen, gestenreiche Hände
sprechen lachend, wohlgezielt,
und das Köpfchen dreht sich schwungvoll,
dass das Haar den Hals umspielt.

Keck nutzt du der Lippen werben,
lachst hell wie ein Sonnenschein,
und in deine freudgen Worte
mischt sich flugs was Liebes ein.

Ist es nur mein pochend Herze,
das mich solches glauben lässt?
Machst du all das nur zum Scherze,
was mich freudzartschweißbenässt?

Als du dann von mir dich wendest,
schlüpft nochmal ein tiefer Blick
in die weichgerührte Seele —
wohlbewahrt bleibt er zurück.

* * *

Wüsstest du, wie oft im Traume
ich dich innig hab geküsst,
und der Tag nach dem Erwachen
ward von neuem mir versüßt.

Ob auch du ein silbern Fädchen
spinnst im Traume zu mir hin?
Summt vielleicht dein liebend Herzchen
ganz die gleichen Melodien?

Niemals werden wir es wissen,
denn du weichst dezent zurück.
Freudig werden wir uns grüßen
— und dein Auge strahlt vor Glück.

Doch Sekunden danach später
gießt sich schwer Melancholie
aus dem Herzen ins Gemüte:
Was ich fühl, erfährst du nie.

Tundreneinsamkeit

Ein Mammut trabt durch Nacht und Eis.
Da wird dem Mammut plötzlich heiß.
Es denkt an eine Mammutin
in seinem Mammutherzen drin.

Es hebt den Rüssel, schnüffelt, sucht
und wendet sich gen eine Schlucht,
wo allerfeinstes Felsengras
die Mammuts lockt zum Schlemmerfraß.

Es freut sich auf ein Spiel zu zweit
und, da der Weg dorthin noch weit,
hebt es den Kopf von Zeit zu Zeit,
brüllt brünstig in die Einsamkeit.

Der Einsamkeit macht das nichts aus.
Schon mancher floh zu ihr hinaus
und teilt ihr seinen Kummer mit
und seines Herzens innig Bitt'.

Ach, was sie alles schon gehört,
wär viele Bücherbände wert,
vom tränenreichen Dankgebet
zum Schrei, der ungehört vergeht.

Doch, da die Einsamkeit nicht schreibt,
ist sicher, dass verborgen bleibt,
was sie gehört und je geschaut,
all das, was man ihr anvertraut.

Doch oft ist gut, dass man nicht hört
das, was die Einsamkeit nicht stört,
auch dass sie das für sich behält,
was peinlich ist oder missfällt.

Zu ungestümes Brunstgebrüll,
das Zärtlichkeit erwecken will,
hat manches Weibchen schon verschreckt,
anstatt die Lust in ihr erweckt.

So ist es gut, dass es verhallt
in weiter Tundrenstille kalt.
Schad um die ungenutzte Kraft —
doch hat sie Abkühlung geschafft.

Was nutzt denn einem Mammutweib
ein ungestümer Mammutleib,
wenn sie noch gar nichts davon fühlt,
was ihn schon stundenlang zerwühlt.

Bei zartem Spiel sollt er sie wecken,
beim Rüssel- und beim Öhrchenlecken,
beim Fellgeflüster, Augenspiel
und innig Rüsselschlinggewühl.

* * *

Auf langem Weg zur Felsenschlucht,
bei jedem Tritt mit Mammutwucht,
wird sein Gestüm allmählich lahmer,
das Brunstgebrüll entsprechend zahmer.

Tundra in Neufundland, 29.07.1987

Im Tundrenabend bleibt es stehn,
den Zwergbirkstrauch sich zu besehn,
der gelb sich ihm zu Füßen duckt —
eh es ihn Blatt für Blatt verschluckt.

Der Birkensaft dient seinem Haar,
das zottig, knotig, ganz und gar
den Riesenmammutleib bedeckt –
bald wird es glänzen wie geleckt.

Dann trabt es flach hinab zum Fluss,
der munter rauschend mit Genuss
schon dicht verzweigt, vielarmverschlungen
die Tundrenstille hat besungen,

als einst das Mammut birkenklein
neugierig taucht den Rüssel ein
in dieses singend, wirbelnd Nass –
des Mammuts erster Tundrenspaß.

In seine Kinderzeit versunken,
spült es sich ganz erinn'rungstrunken
den Rüssel frei von Schlamm und Schweiß
und säuselt mit den Wellen leis

sein Kinderlied aus alter Zeit
von Gras und Tundreneinsamkeit,
von Zwergbirken und Krähenbeer',
von hellem Dryasblütenmeer.

Dann hält es inne, lächelt still —
es weiß, wie ihn sein Weibchen will:
es liebt ihn reinlich, fellgepflegt,
die wilden Ohren angelegt,
den Rüssel und die Seele glatt,
lebhaft und freudig, nicht zu satt.

Drum reicht ihm heut auch eine Birke,
damit der Saft auf's Haarkleid wirke,
ihm nicht zu voll den Magen fülle. —
Um ihn senkt sich die Abendstille.

Auf trockenem Platz nah an dem Fluss
scharrt es mit seinem plumpen Fuß
die Steine weg zu großem Kreise,
legt mitten rein sich still und leise.

Es rollt den Rüssel um den Kopf,
streicht übers Aug den zottig' Schopf
und denkt sich wohlig ungeniert,
„für morgen bin ich präpariert",
stöhnt einmal noch glückselig tief.
Dann sah die Tundra, dass es schlief.

Ein Lächeln lag ihm um den Mund,
es träumt von liebeszarter Stund,
vom Spiel im flussverschlungenen Nass,
von Felsenschlucht und Tundrengras.

Der Himmel breitet dunkle Nacht
auf Steine, Gras und Mammut sacht.
Nur Sterne ruhen kalt und weit
hoch über Tundreneinsamkeit.

Sehnsucht

O Mädchen, mein süßes,
weiß du ganz gewiss,
dass täglich ich viel an dich denke,
weiß, dass ich dich Liebes
unsäglich vermiss,
dass innig dir Andacht ich schenke,

dass dein Äuglein, so glücklich,
dein Lippen, dein Haar,
mich abendlich zärtlich umspielen,
dass dein Zuneigung lieblich,
so sanft wunderbar
lässt zart mich dein Wesen erfühlen.

Ein Sehnsucht durchweht mich
so zart wie der Mai,
so süß wie der Linde fein Düfte.
Mein Denken löst auf sich
— fühl dich ich dabei —
als singend Hauch wirbelnder Lüfte.

Wunsch für einen 80-Jährigen

Schenk dem weisen Mann mit 80 Jahren,
der so gütig und erfahren,
dass auf seines Lebens reich Geschicke
er zutiefst zufrieden blicke.

Wilder Jugend Drang und Sturm entronnen,
lass allein den Geist genießen
und nur Freudgedanken sprießen,
hohem Lebensglück versonnen.

Lass ihn, frei von argen Krankheitsqualen,
ganz dem guten Geist ergeben,
dem Ideenreichtum leben,
rundum Harmonie ausstrahlen.

Freudbeflügelt soll der Mensch dann sehen,
dass des Alters Tiefe Sendung
nicht nur Last ist, auch Vollendung
auf des Lebens höchsten Höhen.

Herbstgefühl

O Herbst, dein Himmel ist hoch, deine Erde ist bunt,
dein Gras erglänzt im Morgentau von leuchtenden Perlen,
deine Blätter tauchen die Hänge in Rot und Gelb,
deine Erde duftet wieder, vom Morgennebel benetzt.

In tiefem Blau liegen die Schatten deiner Gründe.
Leuchtend weiß ragt der Kalkfels empor.
sein Haupt von goldenem Laub umspielt.
Vor tiefem Violett der Felswand im Schatten,
wiegen sich purpurrote Zweige im Wind,
von schmalem Strahl der Sonne getroffen.

Deine Luft summt leise, ein ruhiges Schwingen,
die golden verklingende Üppigkeit begleitend.
Tiefblau ist dein Himmel im Zenit hoch oben,
und verschwimmt zum Horizont in gleißendem Dunst.

*   *   *

Weit breite ich die Arme aus, dich zu umfassen,
tief sauge ich den würzigen Duft ein aus Minze und Erde.
Ich schließe die Augen und gleite berauscht vornüber
deinem Gold, deinem Licht, dem warmen voll Sehnsucht entgegen
und versinke in deiner singenden Luft, deinem Duft.

Meine Hände spüren dein trockenes Moos,
der Duft von Thymian umschwebt meine Nase.
Da lieg ich in deinem Gras und weine,
glücklich, erleichtert, entspannt, dankbar.

Warm streicht die Sonne mir über den Rücken,
als ich erwache aus heilendem Schlaf.
Auf steilem Fels sitz ich hoch überm Land.
Mein Auge gleitet von Baum zu Strauch,
über Ast und Ufer, Wurzel und Stein,
alles Gold und Licht, jede Form genießend,
sorgend, nicht einen Fleck zu übersehen,
alles wonnig und tief einsaugend,
schweigend, genießend, zufrieden.

*   *   *

Tief im Innern, da ruht jetzt ein Bild
von warmer Erde, von Gold und Licht,
das den dunklen Winter, den harten, kargen,
seine Kälte und Finsternis überleben hilft.

Simisien 4

Hast du Lust

Hast du Lust
am Samstag Abend
hinterm Dom
im kleinen Park?

— — —

Ich hätt arg.

Käuzchen

Jammerst Käuzchen durch die Nacht
silbern Mondlicht tönend,
weil ich liege nachtdurchwacht
schön Gedanken frönend.
Lock dein Liebchen sacht
durch die Nacht.

Himmelsplätzchen

Nicht nur auf Erden, auch im Himmel
der Ameisen ist ein Gewimmel.
Drum plan beim Stillen-Platz-Bewerben
ja nicht, als Ameise zu sterben.

Frühlingsgruß

Frühling lässt auf Berg und Wiesen
reichlich Orchideen sprießen,
lässt mirs durch die Adern schießen,
die Schöne fern am Rhein zu grüßen.

Augenlustblick

Deine Augen zeigen mir,
nichts als Lust steckt heut in dir.
Und schon zünden sie mich an,
dass ich gar nicht anders kann.

Futurologie

Es schien die Sonne,
sie schien auf die Erd',
doch die Erd', sie ward
ein Krisenherd.

Sie schien nicht mehr
auf Baum und Strauch,
nicht mehr auf Bein,
auf Arm und Bauch,
sondern auf Smog,
Atompilz und Rauch.

Sie ahnte nur noch,
dass Menschen da sind,
Holunder und Erle
und unschuldig Kind.

Die wussten nur noch
vom Hörensagen,
und erzählten sich oft
von Sonnentagen:

Einst schien die Sonne,
sie schien auf die Erd',
sie machte die Erde
so liebenswert,
und war damals des Menschen
lichtgoldner Gefährt.

Seliger Schlaf

Klinget, ihr Klänge,
wiegt, ihr Gesänge,
mich leis in den Schlaf.

Abend lass gleiten
der müden Stund Freuden
durch Quint und Oktav,

bis meine Sinnen
langsam verrinnen
müdselig und brav

in taumelnde Träume,
wo Sonnenglanzbäume
konvex und konkav

sich innig verwinden,
sich teilen und finden,
und goldenes Licht

das Wirrwarr der Äste
beim Sonnentraumfeste
mit Glänzen durchbricht.

Waldnest

Es schien die Sonne,
sie fiel durchs Geäst.
Es ruhten dort zwei
im weichgrasigen Nest.

Sie frönten der rundlich
zartfühlenden Ruh' —
ein Zeisig guckt neu-
gierig piepend herzu,

auf schlankem tiefschwanken-
dem Hainbuchenast,
beschaut sich possierlich
die Streichelglücksrast:

„So gefallt ihr mir besser,
als wenn ihr den Wald
laut abfallverstreuend
und lärmend durchhallt!

Gut passt ihr zum Wald so,
verratet nur mir:
Seid eins oder zwei ihr
lustwogend Getier?"

Sie wussten es selbst nicht,
ob sie eins oder zwei,
gefühlstiefverschwommen
— der Geist lag anbei —

bemerkten nichts um sich,
sah'n selig nur zwei
glückfunkelnde Äuglein
und fühlten dabei,

von sonnigem Golde
zartwaldgrün umgeben:
so ist es ein göttlich
Geschenk, dieses Leben.

Einer ratlosen Eule

Denke niemals, deine Wege,
die du gingst, sie waren schlecht.
Jeder tritt auf Schaukelstege,
tritt mal krumm und tritt mal recht.

Kannst den rechten Weg nicht finden,
ist es falsch zurückzuschaun
und zu glauben, was da hinten
liegt, war alles nur voll Grau'n.

Aus der Sonne dieser Jahre
machst du Wolken nur und Graus,
und du stehst und raufst die Haare
deines Glücks dir einzeln aus.

Tausend Wege kennt das Leben,
viele sind davon nicht schlecht.
Doch es muss wohl Menschen geben,
denen ist auch keiner recht.

Selten ist's der Weg gewesen
— den der Zufall sich erwählt' —
vielmehr liegt's in deinem Wesen,
ob dein Leben dir gefällt.

Taste nie an alte Tage,
die du selig hast erlebt,
selbst wenn manches jetzt in Klage
weher Rückschau hart erbebt.

Hat nicht jeder tief aus Liebe
einmal alles einst getan?
Wenn doch diese Regung bliebe
oder fing von Neuem an.

Warst du nicht von tief Vertrauen
in den Weg vom Glücke blind — —
konntst den nächsten Tag nur schauen,
wie ein traumverlornes Kind?

War es nicht ein tiefes Hoffen,
Hoffen auf zukünftig Glück?
Bliebe doch von diesem Hoffen
nur ein Quäntchen dir zurück.

Nein — lass ab von dem Zerreißen,
lass, was hinter dir liegt, ganz.
Nie mehr ließ' der Riss sich schweißen
durch der Vorzeit Glück und Glanz.

Was dir schlecht schien, das bekenne
ohne Gram in deiner Brust.
Guter Mut und Vorsatz brenne
für den Neubeginn voll Lust.

Lass, was krumm war einst, verzeihen
dir und dem, der Gutes will.
Dein Gemüt dem Glück zu weihen,
sei des Morgens frohes Ziel.

Das ist besser als zu hadern,
denn die Jahre sind gezählt.
Mut und Blut in deinen Adern
sind für Bessres auserwählt.

* * *

Jede Stunde ist verloren,
die du blickst in Gram zurück.
Dem, der in sich sucht nach Glück,
wird es ständig neu geboren.

Dünenspuren

Dünen sind bewegte Erde.
Eine ganze Dünenherde
wandert leis durchs stille Tal.

Und das Glänzen ihres Sandes
mehrt die Schönheit dieses Landes,
das sonst öde wär und schal.

Doch der Sand hüpft nicht alleine,
auch der Menschen lange Beine
hüpfen mit, erzeugen Tritte
durch des Sandgemäldes Mitte.

Doch nach einer kleinen Weile,
kommt ein Wind in Windeseile,
legt geschickt in aller Schnelle
auf die Spuren Dünenwälle.

In den besten Musestunden
haben Sand und Wind erfunden,
uns perfekt zu demonstrieren,
wie es geht, beim Sandmarschieren
sich der Spuren, die zerstören,
in Sekunden zu erwehren.

Steine im Wege

Tausend Gedanken
durchleuchten die Schranken,
die der Tag mir gesetzt.

Sie gilt's zu ergründen
und Lösung zu finden,
damit nicht zuletzt,

meine Zeit und mein Leben,
wär leichthin vergeben,
nur um Schranken zu heben,
die ich selbst mir gesetzt.

* * *

Die meisten Steine
im Lebenswege
und die wackligen Stege
hat, wie ich meine,
unser Ehrgeiz gelegt.

Sie wegzuräumen
sollte niemals versäumen,
der sein Herz achtsam hegt.

Herbstliche Heimkehr vom Euphrat

Jeder Herbst ist auch ein Abend,
tiefe Ruh' zieht in mir ein.
Reiche Sommerernte labend
trink ich seinen goldnen Schein.

*   *   *

Schwebend über türk'scher Erde,
rot von Böden reich bemalt,
seh ich die Gebirge alt
durch der Wolken Schäfchenherde.

Mitten aus dem Land, dem bunten
wolkenbauschig leicht garniert,
blitzt ein Fluss, schmal zart gewunden,
der im Dunst sich blass verliert.

Dort schuf er sich eine Lücke,
wo der scharfe Bergkamm klafft.
Wie hat er, mit welcher Tücke,
solchen Durchbruch sich verschafft?

Längst rann er, der Fluss, der alte,
eh' der Bergkamm sich erhob,
und sägt rücklings dem die Spalte,
der sich sacht nach oben schob.

*   *   *

Wogendweiche Wolkenhülle,
birgst des Balkans Berg und Tal;
deines gleißend Lichtes Fülle
kennt nicht düstrer Seele Qual.

Nein, hier unter hohem Himmel
ob der Wolken wallend Tanz
fühlt man freudig Sinngetümmel,
ahnt des Paradieses Glanz.

* * *

Hinter mir des Euphrats Lande —
Flussgeschichte reich und alt —
und im Geist zu vollem Bande
füllt sich der Erkenntnis Wald.

Durch alt Flusslauf und Gerölle,
durch Keramikrest und Holz,
wo und wann einst, welche Stelle
er bespült', verriet er stolz.

Tagelanges Suchen, Klettern
an des Euphrats Uferkant,
Sandmück und all stechend Vettern,
Schweiß und sonnverbranntes Land,

alles seh ich hell im Sinne,
auch des Abends bunten Schein,
dessen sinnbezaubernd Minne
unvergesslich senkt' sich ein.

* * *

Ach, wie groß seh ich dich, Erde,
jetzt aus wolkenluft'ger Höh —
wie bin klein ich, dein Gefährte,
wenn ich forschend auf dir steh!

Lass mich immer an dir freuen,
ewig erdenhungrig sein,
nach des Sommers Ernt' von neuem
still mich sein im herbstlich Schein.

Mondnacht in Palmyra in Syrien, 28.10.1985

Winterwelt

Grauer Himmel lastet schwer
über stillem, dunklen Land.
Kalter Schneewind fegt einher,
beißt in Nase, Ohr und Hand.

Längst sind alle Bäume leer,
offen sind des Eichwalds Hallen,
in den Kronen Nesterballen,
Wasserdampf am sprudelnd Wehr.

Ruhig liegen Haus und Scheuer,
alles wirkt so aufgeräumt.
Drinnen fackelt Winterfeuer,
das vom Weihnachtsdufte träumt.

Still ein Reiher dort am Wasser,
grau wie Himmel, Luft und See,
plumpe Elstern, Stillehasser,
tun der Ruhe krächzend weh.

Kahl stehn Birken, Erlen, Linden,
unbeweglich starr und steif,
glücklich, sich so schön zu finden,
weiß im Puderzuckerreif.

In das Grau lass ich mich gleiten,
seh der Winterwelt still zu,
träum von langen Schreibtischzeiten,
Winternacht und tiefer Ruh.

Das Herz

Wes Herze lacht,
geht leis und sacht
hinter sein Haus
zum Seelenschmaus.

Wes Herz voll Qual,
schlurft schnöd und schal
vors Haus hinaus
und schimpft sich aus

* * *

Wes Herze leer,
liegt allen quer,
sucht nicht und nie,
glotzt nur TiWi.

* * *

Wes Herze schwer,
schleicht müd einher,
blickt trüb darein,
trotz Sonnenschein.

Zoll ihm ein Lob,
ein frohen Blick
und hol ihn flugs
zur Welt zurück.

Sechzig

Sechzig werden ist nicht schwer,
daran glauben aber sehr.
Ich fühl so oft wie zwanzig mich,
wenn ich umarme inniglich.
Doch wenn ich felshangaufwärts steige,
dann kündigt sich der Kräfte Neige.
Was mein Gemüt will nicht begreifen,
das lern ich bald beim Erddurchstreifen.

Februar

Ging ich durch den kahlen Wald,
hört ich plötzlich neue Töne,
Töne mit so frohem Klang,
mit so hoffnungsvollem Sang,
künden mir das Lied, das schöne:
Licht und Lenz erwachen bald.

Forschen

Es ist so gut, Ideen zu leben,
zu zeichnen, schreiben, sie zu weben,
nicht den Ideen von ungefähr und eben,
viel eher denen, die wie Reben
sich langsam windend Formen geben,
nach spannend erddurchwühlend Streben
sich leise aus dem Dunst erheben,
noch vaggestaltig vor uns schweben,
urplötzlich dann voll freudig Beben
aus Bruchstücken ein Ganzes geben.

Doch der Natur verspielte Wirren
verführen uns auch mal zu irren.
Mag einer manches anders sehen,
kann mich vielleicht auch nicht verstehen,
denn sein Ideengut ist konträr
zum meinem Erdgedankenmeer.

Doch bin am Ende ich zufrieden,
vielleicht von Manchem weit geschieden
durch and're Sicht und andern Sinn.
So nehmt es als das Meine hin.

Zukünft'ger Erdblick wird entscheiden,
Wer besser dachte von uns beiden.
Ein jeder von uns will das beste;
das ist der Erd gewiß das höchste.

Sie wird zu all dem menschlich Schreiben
still lächeln und ganz ruhig bleiben.

In deiner Hand

Gott, lass mich ruhn in Deiner Hand.
Hüll mich mit Deinen Fingern ein.
Hauch warmen Atem zu mir rein.
Dann fühl ich wohl mich und entspannt.

Urteil

Wie schnell der Mensch
doch Unrecht spürt,
wie leicht fühlt er
sich leidberührt!

Doch flugs vergisst,
wer Urteil fällt,
des Unrechts ach
so zarte Welt.

Erde und Mensch

Einst brachte die Erde den Menschen hervor,
den Menschen, das größte Weltschlitzohr.
Mit List malträtiert die Erde er arg.
So wird sie am Ende der Menschheit Sarg.

Vertrauen

Freiheit und Vertrauen schenken
sparen dir viel Eifersucht.
Es mag sich das Hirn verrenken,
das eifernd nach dem Buhler sucht.

Meinung

Des Menschen Meinung ist viel wert.
Doch manchmal ist sie auch verkehrt.

Lustvogel

Lustvogel, ich liebe dich!
Dass es dich gibt, genieße ich.
Ohne dich wär alles fad,
ohne dich zu leben schad.

Dein Wesen

Dein tiefstes Innres ist wie ein Altar,
ein allerheiligster Platz.
Da ist alles ehrlich und alles wahr,
es ist dein hochheiliger Schatz.

Und niemand erlaube daranzugehn,
nicht Urteil, nicht Wut und nicht Hass.
Und niemand erlaube hineinzusehn,
denn keiner hat Augenmaß,
dein wahres Wesen recht zu verstehn.

Du selbst tust schwer dich und haderst mit dir,
dein Ich in dir tief zu ergründen.
Du suchst und ringst und verzweifelst schier,
um den goldenen Weg zu finden,

den Weg, der dem innersten Wesen entspricht,
auf dem dich geringster Zweifel anficht,
auf dem du erkennst: Genau das bin ich,
hier ruhn meine Seele, mein Wesen in sich.

Nimm Zeit dir für dich, beobachte dich,
wie hier du und dort reagierst.
Du findest dein möglichst vollkommenes Ich,
solang du dich prüfst und studierst.

Dann blühst du im Glück und verkörperst den Typ,
der nur du bist, und nicht einen andern.
Hell ist es jetzt in dir, sei's um dich auch trüb.
Jetzt ruhst du vom Suchen und Wandern.

Wechselspiel

Hast du ein Liebchen dir gefunden,
besieh, beschnupper' es dir recht.
Genieße solche Sternenstunden —
wer ewig schnuppert, liebt nicht schlecht.

Behüt es, pfleg und heg dein Pflänzlein,
und nimm dir Zeit, dich dran zu freun,
und mach die Zeit zum Freudentänzlein —
genieß, was glücklich macht zu zwein.

Vergiss einmal dich selbst im Bunde,
versetz dich in des anderen Art.
Versäume nicht die Gunst der Stunde —
leb ganz dem Rausch des anderen zart.

Dann wird dich selbst der Rausch erfassen
— was du genährt, wogt jetzt zurück —
kannst rauschdurchtränkt dich sinken lassen. —
Im Geben, Nehmen liegt das Glück.

Nicht einer kann's nur sein, der gibet;
vom Austausch nährt sich reich Gefühl.
Drum such ein Liebchen dir, das liebet
im ewig zarten Wechselspiel.

Das gilt für Liebe wie für's Leben,
für Körper, Sinne, Seel und Geist.
Gibst du, dann wird dir auch gegeben —
dann blüht dir erst, was Leben heißt.

Schon-Zeit

Schon plappert er die ersten Worte,
schon patscht er mitten in die Torte.
Er kann *schon* sprechen und *schon* gehn,
sich lächelnd *schon* zur Oma drehn,
sitzt *schon* auf dem Erwachsenstuhle,
geht *schon* mit Zahnspange zur Schule,
ist *schon* sooo groß und konfirmiert,
hats's mit der Ute *schon* probiert.

Erst-Zeit

Dann wechselt langsam man die Spur:
Macht wirklich jetzt *erst* Abitur!?
fand jetzt *erst* Freundin oder Freund
erkennt *erst* jetzt, wo Gutes keimt;
macht jetzt *erst* seinen Führerschein;
sieht jetzt herangereift *erst* ein:
Persönlichkeit macht *erst* den Typ;
versetzt jetzt   d e m   *erst* einen Hieb,
der ihn seit Jahren drangsaliert;
hat sich jetzt *erst*mals nicht geniert,
entgegen allem Mittelmaß
auch dort zu suchen Lebensspaß,
wo morgen *erst* der Rest der Welt
entdeckt, was   i h m   schon lang gefällt.

Schon-wieder-Schon-Zeit

Man hat jetzt *schon* die dritten Zähne,
beklagt *schon* allzu neue Sitten.
Schon Präsidenten sind die Söhne!
Schon quälen erste Hämorrhoiden.

Schon lichtet sich das volle Haar.
So schnell *schon* kommt das nächste Jahr.

Schon gibt es Enkel zu bestaunen,
der Nachbar hat *schon* Alterslaunen,
schon quälen Zipperlein und Zucker,
schon wird der Jogger Fenstergucker.

Man ist jetzt auch *schon* pensioniert,
merkt *schon*, dass man an Kraft verliert,
entdeckt *schon* seine ersten Falten,
und wenn es nach der Jugend geht,
dann zählt man jetzt *schon* zu den Alten.

Schonlängst-Zeit

Dereinst ist man *schon längst* gestorben
und Opas Wein *schon längst* verdorben.
Schon längst ist Omas Sitzplatz leer,
schon längst weiß man von mir nichts mehr.

Schon längst kennt mich der süße Engel,
zwinkert mir zu und nennt mich Bengel —
mein liebster aus dem Engelsheer.

Schon längst gibts Zeit und Raum nicht mehr.
Und ob die Alpen sich verschoben
sich kreuz oder sich quer gebogen,
das brauch ich nicht mehr zu erkunden,
auch nicht die Erde zu umrunden:
ich seh's von hier und weiß es ja.

Ich sing auch nicht Halleluja,
wie man auf Erden prophezeit,
sauf auch nicht mit der Heiligkeit.

Mit allem Sein bin ich jetzt Eins,
was Gottes ist, ist oft auch meins.
Schon längst genieß ich Dauerruh
und schau der Welt gelassen zu.

Die gute Arbeit

Bei deiner Arbeit denk daran,
dass man nicht *alles* schaffen kann.

Es reizt so, mit dem *Schönen* zu beginnen.
Dabei wird dir die Zeit verrinnen,
die Zeit der allerbesten Kraft,
in der man alte Schuld wegschafft.

Nimm dir am Morgen kurze Zeit
und ordne, was da fleht und schreit.

Das *Nötigste* sei stets Beginn.
Das schafft fürs erste freien Sinn.
Das *Notwendige* folg darauf –
es stapelt meistens sich zu Hauf.
Befrage das, was Stunden frisst,
ob *sinnvoll* es und *machbar* ist.

Zum End des Arbeitstags verwöhne
dich stets ein bisschen durch das *Schöne*.
Das gibt dir dann das gut Gefühl,
du bist der Herr im Pflichtgewühl.

Den Tag beend mit Muße sacht,
das schenkt dir sanften Schlaf zur Nacht.

Ade, du Stadt an der Kö

Ade, du Tochter Europas!
Ade, du Stadt an der Kö!
Du gabst mir gut 30 Jahre,
der Abschied tut sehr weh.

Ich wohnte vor deinen Toren,
im Osten, im Süden, dann über dem Rhein.
Ich schleppte in deine Mauern
der ganzen Welt auserlesnes Gestein.

Du warst mein Herz am Rheine,
von hier reist ich oftmals stromauf,
zu der Rheingebirge Gesteine
bis zum Alpenfelsquell hinauf.

In deine niederen Lande
stromab lenkt ich mein Gefährt
und knüpfte viel enge Bande
zum Fluss, seiner Au, seiner Werth.

Du Rhein und deine Leute
ihr wurdet so eng mir vertraut.
Nie habe buntere Mischung
im Leben ich sonstwo geschaut.

Nun zieh ich vom fränkischen Herze
in seine Peripherie.
Gern tu ich's, und doch mit Schmerze,
dich Rhein vergesse ich nie.

Ich liebe des Lebens Wandern,
des stetigen Rades Drehn,
tausch einen Platz mit dem andern,
und alle find ich sie schön.

Ich liebe die Buntheit der Menschen,
voll Freude, voll Leids, ob voll Wut,
voll Trösten, voll Lieben, voll Lachen,
und meine, sie alle sind gut.

Ade, du Stadt am Rheine,
ade, du Stadt an der Kö,
vergiss sie nicht, meine Steine,
auch wenn ich mal nimmer dich seh.

Vergiss nicht all meine Zeilen,
die dir und dem Rheine ich schrieb,
die vielen tausend Meilen,
die ich dem Rheine zulieb

durch seine Lande gezogen,
den Blick auf Boden und Stein.

So bleibt mir ewig gewogen,
lieb Düsseldorf, Aue und Rhein.

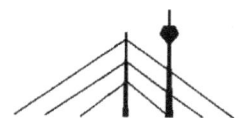

Sekunden über den Wolken

Wolken, wandern, wogen, wallen,
wandeln sich nach Wohlgefallen,
landschaftsformend, modellierend,
bis ein Bild lockt, höchst verführend.

Stolz stehn Felsen, Berg und Tal,
tiefer Kessel, Kluft so schmal,
alles nebelhauchdurchwoben,
sonnenglitzernd, hell von oben.

Doch in wenigen Sekunden
ist die schöne Welt verschwunden,
muss vergehn, von neuem werden.
Niemand sonst sah sie auf Erden,

keine Karte wird je künden
von der Wolkenberge Gründen.
Türme, Schluchten, Kliff und Seen
hat allein dein Aug gesehn.

Helle und dunkle Welt

Musst du Negatives denken,
sieh, dass du es überwindest.
Musst der dunklen Welt nichts schenken.
Such, dass du die helle findest.

Dunkles saugt an deinen Säften,
Helles spendet Lebenssaft.
Dunkles lebt von deinen Kräften,
Helles neuert Lebenskraft.

Zeit, die Dunklem ist geweiht,
ist rundum verlorne Zeit.
Freudiger und heller Sinn
sind des Lebens reich Gewinn.

Des Forschers Zwiegespräch in einer Sitzung

Um mich herum Konzeptpapiere!
Das Leben eilt an mir vorbei.

Zernagt Herr Wichtig mir die Niere,
dem Zettel ist es einerlei.
Was uns als wichtig auferlegt,
hat mich noch nie vom Stuhl bewegt.

Verantwortung beschwört Herr Hochkopf,
zwingt uns zu *seinem* Forschungsplan,
denn ohne sich an ihn zu halten,
hätt' man viel Geld und Zeit vertan.

Publikumsnähe mahnt Herr Gelbschopf,
spornt uns noch mehr zu schreiben an.
Das schulden wir dem Steuer-Geldtopf,
dass man auch volksnah denken kann.

Eigentlich wollt ich Wissen schaffen,
erforschen, schreiben und dann lehren,
anstatt im Sitzungssaal zu gaffen,
was jene Vorsitzenden begehren.

Der Kopf wird reichlich hochgehoben,
die Faust klopft drängend auf die Bank,
das Kinn wird hin und her geschoben,
die Stimme klingt von Ehrgeiz krank.

Sitzungen sind häufig Zeitvergeudung,
Wichtiggesprächswut-Tummelplatz.
Für Gelb- und Hochkopf sind sie von Bedeutung
als Hohl- und Leerwortsammelschatz.

Oft hab ich während der gelesen,
gemalt, geplant und korrigiert.
Bin ich weitab im Land gewesen,
hab ich mich deshalb nie geniert.

Was oft dem Forscher fehlt zum Leben,
ist Ruhe und die Einsamkeit,
wo die Gedanken eifrig weben
reichen Ideenguts Festtagskleid.

Paradies

Liegt des Himmels Paradies
im Tiefblau jenseits der Wolken?
Lasst uns dorthin aufwärts folgen
aus der Erde eng Verlies.

Ferne Erde, winzig klein,
Hader, Jammer sind geschwunden.
Sieht so friedlich aus da unten —
doch ist's nur der Ferne Schein.

Drüber Wolkenfetzen, -meere,
manchmal weiße Schäfchenheere.
Um mich dann das gleißend Licht,
hell und scheinbar warm,

tief gefärbt, eh' Nacht einbricht.
Und des Dunkels Arm
bettet Welt und All zufrieden.

Hier könnt gut der Himmel sein,
dem das Paradies beschieden.

Doch wir wissen, dass das All
drüber weit sich dehnt,
stetig sich unendlich öffnet,
grenzenlos uns wähnt.

Kalt und eisig, ohne Leben —
sollt es doch wo eines geben,
ist es wohlversteckt und klein —
kann das Paradies nicht sein.

* * *

Liegt es innen in der Erde,
in der Erde warmem Schoß?
Drängt an Plutos heißen Herde
sich der Sel'gen Menge groß?

Geologisch ist der Erde
innrer Kern noch feuerflüssig.
Wohl der Hitze überdrüssig
schickt Vulcano manchmal Stöße

himmelwärts von einer Größe,
die schon weites Land verheerte,
Städte, Haine glutbeleckte,
reiche Schätze tief versteckte.

In den Tiefen hoher Drücke,
heißer Schmelze, Erdgerücke,
Hartgesteine leises Fließen
findet Paradiesgenießen
kaum vorstellbar einen Platz —

wenngleich alt Gedankenschatz
Götter in der Erde wähnt.

Der Gedanke klingt ersehnt,
dass am Ort, da wir begraben,
wir auch unsre Wohnstatt haben,
dass der Weg also nicht weit,
weg von Ort und Erdenzeit
unser Geist uns dann umweht
dort, wo sich die Erde dreht.

* * *

Wo ist dann das Paradies?
Weder himmelan noch unten
haben wir es aufgefunden.
Niemals sei es uns gewiss. —

Ruhezustand in uns drinnen,
den wir uns im Tod gewinnen?

Unser Geist schwebt, zum Entsetzen
aller Lebenden, als Fetzen
durch den Äther, durch Gestein,
kann allgegenwärtig sein,

kann auch, wenn er es gern will,
träumen in den Frühlingswiesen,
eine Ewigkeit und still
nichts als Glanz im Tau genießen.

Winterlicht

Winter heißt nicht: tristes, düstres Darben.
Selbst der Januar zeigt leuchtend helle Farben.
Morgens laden Birkenäste kahl und rot
aufgeplustert Vogelvolk zum Sitzen.
Eiszapfen sind starr, und doch nicht tot,
wenn im Glanz der Sonne funkelnd sie erblitzen.

Buchenblätter, dürr schon, durchscheinend und zart,
bodennah eng um den alten Stamm geschart,
trotzen tapfer Wintereissturmtagen.
Da sie still in helle Schneeluft ragen,
lange welk und windgedörrt und braun,
sind sie gen tiefes Sonnenlicht,
das am Kristall des Schnees sich bricht,
zart rot gar lebhaft anzuschaun.

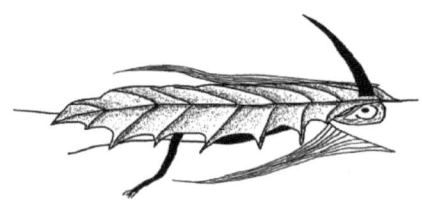

Lillach-Elfentreppe

Emsig wie ein Schwarm von Bienen
tanzen Elfen durch das Tal,
schleppen Steinchen, dick und schmal,
ihrer Königin zu dienen.

Diese schläft im hohlen Berge,
träumt von Seenland, silbern bleich,
das sich einer Treppe gleich
zu des Berges Öffnung schwingt,
wo man drinnen tanzt und singt
froh im Kreis der Felsenzwerge.

Mit geschickten Händen zarten,
ohne Ruh und ohne Rast,
fügen Weiches sie zum Harten,
Stein an Steinchen, Ast an Ast,

ziehn mit eleganten Schwüngen
Damm an Damm quer durch den Bach
bis der Frösche Quakgekrach
und der Morgenstrahl sie zwingen,

letzte Lücken noch zu flicken
und sich eilig anzuschicken,
in des Berges Schoß zu fliehn
hin zur Elfenkönigin.

Wie wird es der Mensch benennen? —
Die der Wissenschaft berufen
sagen „Lillach-Kalktuffstufen". —
Die der Elfen Künste kennen,

reich an bunter Phantasie,
nicht Gefühl von Geist abtrennen,
nach Naturerlauschen brennen,
„Elfentreppe" sagen sie.

Liebreiz

Ach Liebreiz ohne Ende,
ihr fürsorgenden Hände
tut alle Tage wohl.

Ihr Äuglein, die mir lachen,
die mich so glücklich machen —
sagt, wie ich danken soll.

Die Arme, die mich fassen,
und nicht mehr los wolln lassen,
sie lieb ich allzu sehr.

So möcht ich nicht wegeilen
und ewig lang verweilen
je länger desto mehr.

Die Wärme deiner Nähe,
wenn ich dich nur erspähe,
sie tut dem Herz so gut.

Wenn ich mit dir durchschreite,
der Erden bunte Weite
da lachen Seel und Blut.

Wenn wir auf Gipfeln ruhen
in dicken Wanderschuhen,
schaun weit ins Land hinaus,

dann fühlen wir dasselbe:
das himmelhoch Gewölbe
ist unser schönstes Haus.

Wir ziehen durch die Lande
gar freudig Hand in Hande
und sind tief weltbeglückt,

dann liegen wir im Grase,
fein Nase neben Nase
und spielen gern verrückt.

Die Bäume mit den Zweigen,
die sich zu uns hin neigen,
sie flüstern zu uns leis:

Wir mögen euch, ihr beiden,
ihr könnt euch so gut leiden,
singt ewig diese Weis.

Wir tauschen gern mit Leuten
uns geistvoll aus mit Freuden
— ein reich Gut unsrer Welt.

Wir tanzen durch das Leben,
nichts kann es Schönres geben,
was uns von uns abhält.

Gemütsruhe im Alb-Winter

Bildschirmgroß ist meine Welt,
schluckt das, was dem Hirn einfällt;
und der Maus, die ich bediene,
folg ich mit gespannter Miene.

Eilig geh ich heut durchs Leben,
achte nicht auf Raum und Zeit.
Fäden ziehn, Gedanken weben,
stets für meinen Geist bereit.

* * *

Doch bei allem Denkgewühle
Rühren sich Gemütsgefühle.
Dass ich sie bei Zeiten stille,
Ist mir frommer Wunsch und Wille.

Dem Gemüt ist's jetzt zumute,
dass in Ruh' sucht es das Gute,
Ruh' auf stillem, einsam Felsen,
ohne ein Problem zu wälzen.

Trinken aus der Tiefe Stille.
Sehnsucht ist mein einz'ger Wille,
Sehnsucht nur nach Höh und Breite,
die mit Blicken ich durchweide.

Seh' die Bäume vor mir ästeln
und die Amseln drinnen nesteln,
sehe, wie das späte Licht
sich an heller Felswand bricht,

schenkt dem Dunkel Widerschein,
wo sonst nie ein Strahl dringt ein;
seh des Maulwurfs Hügelspur
die sich reiht als Perlenschnur.

Nebel, die die Wipfel decken,
manchen Berg darin verstecken
zaubern unheimliche Welt,
rätselvoll, was drin wohl fehlt.

Nebel macht die Räume endlich,
das Dahinter unverständlich,
das Davor, das er mir lässt,
wird mein überschaubar Nest.

Manchmal taucht er tiefer nieder,
kleinlaut werden meine Lieder.
Wieder wallt er leicht zurück,
öffnet neue Welt und Glück.

Nebel bricht die klaren Farben,
lässt sie sanft an Leuchtkraft darben,
wandelt sie zu fahl Pastell —
Wunschbilder in Aquarell.

Solche Stimmung lieb ich sehr
— folgt im Traum mir hinterher —,
lass mich in die Nebel fallen,
die lichtfunkelnd mich umwallen.

Nebel fühlen, Nebel trinken,
lässt mich in ein Glück versinken,
weich von Wolken zart umhüllt
bin ich nebeltrankerfüllt,

bis bauschweiche Nebelfetzen
sacht mich auf den Boden setzen,
heil zurückbringen zur Erde,
dass ich wieder nüchtern werde.

* * *

Sitze leise hier und lausche,
als ich Fels mit Nebel tausche,
unheimlich und still ist' s hier,
nicht ein Windhauch, kein Getier.

Dunkle Wesen ganz allein
stehn im zarten Nebelschein,
die dem Bild als starre Götzen
kräftige Kontur versetzen.

Ach ich liebe euch, ihr Eiben.
Durftet ihr doch übrig bleiben.
Für des Menschen wildes Roden
seid ihr heilge Götterboten.

Düster wurd's um mich, der Schein
dieses Tags schläft langsam ein.
Leiser wird der Vögel Singen,
dicht herzu die Nebel dringen.

Still und tief in mich versunken
sitz ich vor dem Bilde trunken
und von Eindrücken durchglüht —
Streicheltag für mein Gemüt.

Um Mitternacht

Im Mitternachtsmilieu
da grenzen die Sekunden,
die des verfloss'nen Tags,
an die der neuen Stunden.

Die beiden Zeiten trennt
nur eine dünne Naht.
Sie bietet keinen Raum,
der Zeit für Träume hat.

Doch brauch ich für mein Sinnen
wohl angemessen Platz.
Ihn drängt mich zu gewinnen
mein Nachtgedankenschatz.

Vom Abend und vom Morgen
borg ich mir einen Saum,
um Zeit mir zu besorgen
für meinen Mittnachtstraum.

Den träum ich allzu gerne,
träum ihn vom Abend rein
unterm Zenit der Sterne
bis in den Morgenschein:

Ich träume von dem Tage,
den ich gerad verbracht,
indem ich hinterfrage,
hab ich genug gelacht?
War meine Arbeit auch gezielt?
Hab ich nicht sinnlos Zeit verspielt,
und alles wohl bedacht?

Ich träume von den Lieben,
die alle ich gesehn,
und was ich hab geschrieben,
das gut ich fand und schön.
Dann bin ich dankbar für den Tag,
lass das, was ich besonders mag,
mir im Gemüt zergehn.

Ich träume auch vom neuen Tag
mit einem guten Plan,
und lächele, wenn ich mich frag,
wie finge ich ihn an?
Sieh zu, dass er vom Glück beseelt,
und wenn ein hart Problem dich quält.
Setz mutig dich daran.

Ich bitt um Stärke, Glück und Freud,
um Straffheit, Zuversicht,
dass ich vermiede tote Zeit
mit manchem wirren Wicht.
Und wenn der Tag sich neigt, halt ein,
träum bei Musik und Abendschein,
bevor die Nacht einbricht.

Lebenszenit

Den Höhepunkt des Lebens,
es gibt ihn hundertfach.
Wer wartet, sucht vergebens,
du selbst bestimmst den Tag.

So viele gute Gaben
ruhn in dir tatbereit.
Sie wohl genutzt zu haben
spürst du als hohe Zeit.

Epilog

Ihr habt mich treu begleitet
ihr blauen Wegewarten,
auf eurer endlos Reise
als Immigranten-Arten.

Auch ich bin doch nichts and'res
als einsam Immigrant,
wo immer ich ein Plätzchen
auf dieser Erde fand.

Ich bin stets auf der Suche
nach Leben und nach Licht,
so wie ihr stetig wendet
zur Sonne das Gesicht.

Anmerkungen

Bekenntnis an den Vorfrühling 18.01.1982.

Kamele in Mesopotamien 29.10.1978. An meine Tochter Katrin, aus Mesopotamien.

Igelglück Februar 2001. Erstpubliziert in 160 Zeichen Spaß. SMS-Literatur auf kleinstem Raum: S. 63, Uzzi Verlag Düsseldorf 2001. Digital in: Müller, H. (2012): 160 Zeichen Literatur. Anthologie zum gleichnamigen Literaturwettbewerb: no 6080. — Prof.s Kindle für Mac — 160 Zeichen.

Altgriechischer Brauch Februar 2001. Dieser Brauch der Tempelprostitution ist von Paläopaphos auf Zypern durch Herodot („Historien") im 5. Jh. v. Chr. überliefert worden.

Romantik 03.07.2006.

Herbstlied 16.11.1987. Meiner Mutter, Maria Schirmer. Sie bedauerte, dass ihr Geburtstag am 20. November in die trübste und freudloseste Jahreszeit fiele, die in die Winterkargheit hineinführt. Das Gedicht zu ihrem 75. Geburtstag sollte einen Lichtstrahl in den Spätherbst hineinwerfen.

Vita posthuma 09.10.1988.

Ein Morgen in der Wüste 24.03.1979. An meine Mitarbeiter der Abt. Geologie in Düsseldorf aus Nuri Amin / Irak.

Eiszeitbeweis 06.12.1981. Erstpubliziert in Ikinger, A. (Hrsg.): Festschrift Wolfgang Schirmer. Geschichte aus der Erde. – GeoArchaeoRhein, Band 2, S. 23 (Münster (LIT) 1998.

Ersehnte Landfahrt 09.05.1983.
Loreley Februar 2001. Zum 200-jährigen Jubiläum von Brentanos Lorelei.
Unser Leben 06.03.1985.

Tundreneinsamkeit 13.12.1989. Erstpubliziert in W. Schirmer: Rheingeschichte zwischen Mosel und Maas. – deuqua-Führer, Band 1, S. 293-295, 1990.

Wunsch für einen 80-jährigen 23.08.1988. Meinem Vater Georg Schirmer 1989 während seiner 80. Geburtstagsfeier auf Schloss Colmberg vorgetragen.

Hast du Lust 27.01.2002. Digital publiziert in Müller, H. (2012): 160 Zeichen Literatur. Anthologie zum gleichnamigen Literaturwettbewerb: no. 3456 — Prof.s Kindle für Mac — 160 Zeichen

Frühlingsgruß März 2002. An Heike Spies von Zypern.

Herbstliche Heimkehr vom Euphrat 01.11.1985. Strophen 8-11 bereits publiziert in W. Schirmer: Landschaftsgeschichte um Tall Bi'a am syrischen Euphrat. – Mitteilungen der Deutschen Orient-Gesellschaft zu Berlin, 119, S. 57, Berlin 1987.

Forschen 26.01.1999. Strophe 1 bereits publiziert in W. Schirmer: Eine Klimakurve des Oberpleistozäns aus dem rheinischen Löss. – Eiszeitalter und Gegenwart, 50, S. 25, Hannover 2000.

Ade, du Stadt 29.04.2005 Zu meiner Abschiedsvorlesung im Goethe-Museum in Düsseldorf. – Das angefügte Düsseldorf-Symbol habe ich 1987 für den Text „Erdgeschichtlicher Werdegang der Düsseldorfer Landschaft" entworfen, in Weidenhaupt (Hrsg.): Düsseldorf. Geschichte von den Ursprüngen bis ins 20. Jahrhundert, 1988.

Lillach-Elfentreppe 22.03.2011. Erstpubliziert in W. Schirmer: Naturschauspiel Lillach, Die Fränkische Schweiz, Band 2011, Heft 2, S. 25.

Liebreiz September 2012. Für Uschi.

Um Mitternacht 15.05.2013 Angeregt durch mehrere gleichnamige Gedichte, u. a. von Goethe, Friedrich Rückert, Eduard Mörike, Emanuel Geibel, Ernst Schulze, John Henry Mackay, Karl Ernst Knodt.

Vor dem Schlussvorhang: Wenn mich jemand im Büchlein bemerkt hat: Ich bin der Fliegerich und sage allen Tschüss – bis auf wiedermal.

Wolfgang Schirmer, geboren 1938 in Amberg/Bayern, lebte in der Oberpfalz, in Franken, am längsten im Rheinland, jetzt, seit Ende der Berufszeit, in Wolkenstein in der Fränkischen Schweiz. Länder und Erde haben ihn schon sehr früh begeistert, aber erst mit 19 Jahren kam er mit der Geologie in Berührung, die ihn lebenslang nicht mehr loslassen wird. Nach dem Studium in Erlangen und Zürich lehrte er in Köln und als Professor in Düsseldorf, zwischenzeitlich am Dartmouth College/USA. Die Geschichte der Erde und Landschaften, Flüsse, Lösse (eiszeitlicher Windstaub) und Paläoklima führten ihn und seine Frau Ursula durch viele Lande der Erde. Die Menschen dafür zu begeistern, die Sprache der Erde zu verstehen, ist sein größtes Anliegen. Beiden gehört sein Herz, der Erde und den Menschen. Musik, Zeichnen und Dichtung begleiten ihn dabei.

Zeitfracht Medien GmbH
Ferdinand-Jühlke-Straße 7
99095 Erfurt, Deutschland
produktsicherheit@kolibri360.de